Fantasievolle Friesenbäume

In meinem 3. Buch habe ich mich mit dem Thema "Friesenbäume" beschäftigt. Ich möchte Ihnen einmal zeigen, wie vielfältig die Gestaltungsmöglichkeiten sind.

Nicht nur fürs Fenster sind diese wunderschönen "Holzkreuze" zu verwenden; riesengroß ist die Dekorationsmöglichkeit, z.B. eingetopft in einen Terracottatopf als Tischdekoration, anstelle eines Kranzes sieht er an einer Tür sehr wirkungsvoll aus, aber auch als Wand- und Raumdekoration kommt er schön zu Geltung.

Sie finden in diesem Buch Gestaltungsideen für Halloween, Herbst-, Winter- und die Weihnachtszeit.

Nehmen Sie die Ideen als Anregung und lassen Sie Ihrer Fantasie auch freien Lauf, es ist gar nicht so schwer und es lohnt sich.

So, und nun wünsche ich Ihnen viel Freude beim Dekorieren und viel Erfolg!

Vielseidig Verlag

Material

Benötigte Materialien:

Friesenbäume in verschiedenen Ausführungen, Heißklebepistole, Acrylfarbe, Strukturschnee, Irisflitter, Pinsel, Schwamm, Zange, Schere, Bleistift, Blumendraht, Transparentpapier, Gips, Terracottatöpfe, Bänder, floristische Accessoires, diverse Dekorationsgegenstände.

Friesenbäume:

Im Fachhandel finden Sie mittlerweile Friesenbäume in verschiedenen Größen und Farben. Es gibt sie zum Hinstellen und Aufhängen, mit Vierkantleisten und mit Bogen. Ganz neu sind die Minis, sie sind eine ideale Geschenkidee.

Wichtig! Wichtig! Wichtig! Wichtig! Wichtig!

Es ist völlig egal, ob Sie die gleichen Figuren verwenden wie im Buch, schauen Sie sich am besten in Ihrem Lieblingsbastelgeschäft um und kaufen das, was Ihnen am besten gefällt. Denn Schneemann ist Schneemann und Vogelscheuchen sind Vogelscheuchen etc.

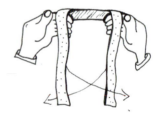

Schleifen binden:

Legen Sie das Dekoband um Ihren Zeigefinger und überkreuzen es vorne schräg, daß es wie ein verlängerter Hemdkragen aussieht. Nun nehmen Sie das so entstandene Kreuz mit der oben entstandenen Schlinge zwischen Daumen und Zeigefinger und umwickeln beides zusammen mit einem Stück Draht.

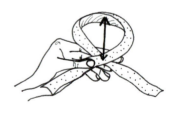

Tips & Tricks

Das Anmalen:

Verschiedene Modelle habe ich wegen farblich passender Abstimmung mit Acrylfarbe bemalt oder mit einem Schwamm betupft. Dies gibt diesen Bäumen den besonderen Touch.

Das Eingipsen in die Terracottatöpfe:

Zum Eingipsen verschiedener Friesenbäume rühren Sie die angegebene Menge Gips an. Damit der Terracottatopf beim Abbinden des Gipses nicht platzt, streuen Sie in den noch flüssigen Gips ein paar Styroporschnipsel ein und rühren sie unter.

Kurz vor dem Abbinden stecken Sie den Friesenbaum in den mit Gips gefüllten Terracottatopf.

Das Kleben der Dekorationsteile:

Da ich die meisten Dekorationsteile direkt auf die Querstäbe geklebt habe, benötigen Sie zur besseren Stabilität verschiedene Moossorten, Heu etc. (Angaben auf den jeweiligen Seiten). Diese werden unter die Dekorationsgegenstände mit der Heißklebepistole befestigt, somit haben sie eine größere Klebefläche.

Tip: Grundsätzlich vereinzele ich sämtliche floristische Picks = Zweige, Blumen, Buketts zu kleinen Teilen; dadurch sieht das ganze Arrangement natürlicher aus.

Im Gänsemarsch zur Bescherung

Material: Friesenbaum mit Vierkantleisten und Rundbogen, Abstand der Querstäbe ca. 12 cm
rote Acrylfarbe
2,5 m Tujagirlande, 2 Tujapicks
6 Keramikgänse 5 cm
5 Holzgeschenke 2,5 cm
3 Holzstiefel 2,5 cm
Aluminium Streusterne
5 Sternglöckchen, 1 m Weihnachtsband 2,5 cm breit
2,5 m gold-rotes Band 0,3 mm breit
(zum Aufhängen der Glöckchen)
Blumendraht

Den Friesenbaum mit roter Acrylfarbe bemalen. Nach dem Trocknen umwickeln Sie den Längsstab und den Bogen mit der Tujagirlande.

Danach bringen Sie die 6 Gänschen, Geschenke, Tujapicks und die Stiefelchen mit Heißkleber an.

Die 5 Sternglöckchen befestigen Sie mit dem dünnen Band und einer Schleife.

Zuletzt werden die beiden Schleifen gebunden und angeklebt, als i-Tüpfelchen kleben Sie jetzt die Alusterne am Bogen fest.

Jetzt kann die Bescherung beginnen!

Vogelscheuchen beim Drachenflug

Material:
Friesenbaum Größe 50 cm in blau,
Abstand der Querstäbe ca. 16 cm
2 Vogelscheuchen 16 cm
2 Drachen
3 Minihenkelkörbchen 4 x 7 cm
2 Harken
1 Heuballen
blaues Dschungelmoos
2 Äpfel
1 gelber Sonnenblumenpick
je 1 Pick Minikarotten, Äpfel und Kürbisse
naturfarbener Bast zum Aufhängen

Die Obsternte haben Sie erledigt und jetzt ab zum Drachenflug!

Als erstes den blauen Friesenbaum mit den 2 Vogelscheuchen verzieren und dann die Drachen ankleben. Die Drachenschweife je einer Vogelscheuche in die Hand kleben.

Die 3 kleinen Henkelkörbchen mit dem Minigemüse füllen. Danach die Äpfel, Sonnenblumen, Harken und das Dschungelmoos im Baum arrangieren (siehe Abbildung) und festkleben. Den Heuballen stecken Sie unten in den Friesenbaum. Zum Aufhängen einen Baststrang durch das dafür vorgesehene Loch ziehen.

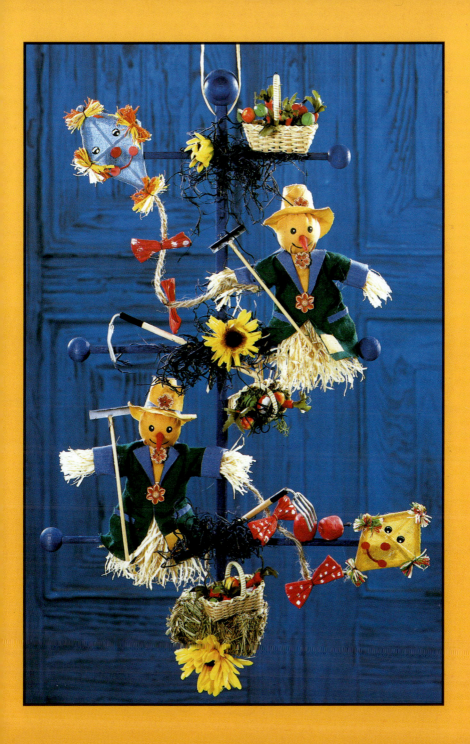

Mintgrüner Schneemannbaum

Material:
Friesenbaum stehend Größe 50 cm,
Abstand der Querstäbe ca. 14 cm
elfenbeinfarbene Acrylfarbe
4 "gezuckerte" Nadelpicks mit Hagebutten
((sieht aus wie angefrostet)
6 Keramikschneemänner 6 cm
1,5 m mintfarbenes Band passend zu den Figuren
Blumendraht

Mal eine neue Weihnachtsfarbe! Originell und sehr in !

Zuerst bemalen Sie den Baum in elfenbeinfarbener Acrylfarbe. Nach dem Trocknen je nach Länge die Maße des Längsstabes abmessen, hier sind es genau 46 cm. Nun kleben Sie das Band am Längsstab fest.

Die vier Schneemänner auf den Querstäben befestigen, die Nadelpicks vereinzelnen (siehe Seite Tips & Tricks) und um die Schneemänner arrangieren.

Zuletzt die 2 Schleifen binden (siehe Skizze Seite 2) und mit Heißkleber am Baum befestigen.

Im Nu haben Sie ein sehr originelles Weihnachtsgeschenk!

BraunbärEngel

Material:
Friesenbaum Größe 37 cm,
Abstand der Querstäbe ca. 14 cm
Terracottatopf Ø 12,5 cm Höhe 12 cm
700 g Gips, Styroporschnipsel
Strukturschnee
rehbraune und goldene Acrylfarbe, Schwamm
1,2 m Sternendraht in rotbraun
4 Braunbärengel in rotbraun 5 cm
rostfarbenes Islandmoos
2 m farblich passendes Band
(1 m für 2 Schleifen, 1,5 m für um den Topf)
2 goldene Tannenbäume 7 cm
Borstenpinsel, Blumendraht

Den Friesenbaum wie auf Seite Tips & Tricks beschrieben eingipsen. Mit einem Borstenpinsel Strukturschnee auf den Topf spachteln, trocknen lassen.

Danach den Topf abwechselnd in rehbrauner und goldener Acrylfarbe mit einem Schwamm betupfen. Nun die Braunbärengel aufkleben, den Sternendraht in rehbraun um den Baum wickeln. Die 2 goldenen Bäumchen plazieren, das rostfarbene Islandmoos an den Ästen des Baumes verteilen und in den Terracottatopf einkleben.

Als letztes 3 Schleifen binden (siehe Skizze Seite 2), eine davon um den Topf. Jetzt noch ein Glas Honig und die Welt ist in Ordnung!

Halloween Baum

Material: Friesenbaum Größe 50 cm,
Abstand der Querstäbe ca. 14 cm
3 Hexen
3 Halloweenkürbisse
6 Besen Länge ca. 11 cm
1 gelber und grüner Beerenpick
grünes und rostfarbenes Dschungelmoos
grüner und orangefarbener Bast
1 orange und gelber Sonnenblumenpick
1 m Halloweenband
Blumendraht

Im Halloweenbaum tummeln sich Hexen und Kürbisse.

Sie beginnen mit dem Umwickeln des Längsstabes: Kreuzförmig umwickeln Sie diesen mit dem grünen und orangefarbenen Bast. Danach kleben Sie das Dschungelmoos auf die Querstäbe und befestigen darauf die Hexen und Kürbisse ebenfalls mit dem Kleber.

Anschließend arrangieren Sie die Beeren, Besen und Sonnenblumen in den Baum (siehe Abbildung).

Zuletzt nach der Skizze (siehe Seite 2) die Schleifen binden und mit dem Heißkleber am Längsstab befestigen. Etwas Bast zum Aufhängen durch das dafür vorgesehene Loch ziehen.

Jetzt kann die Hexennacht kommen!

Witzige Schneemänner beim Skifahren

Material:
Friesenbaum 70 cm, Abstand der Querstäbe ca. 25 cm
Terracottatopf Ø 15 cm, Höhe 17 cm
rote und tannengrünfarbene Acrylfarbe
1 kg Gips, Styroporschnipsel, Strukturschnee
Irisflitter, 6 Schneemänner 11 cm
3 m Tannengirlande
(Topf 0,6 m, Topfinneres 1 m, Baum 1,4 m)
1 m Band, Schneemanngirlande aus Holz
2 Paar Holzski 11 cm
5 rote Holzsterne und 3 Tannenbäume
Blumendraht

Dieser originelle Friesenbaum eignet sich hervorragend als Blickfang für Ihren Türeingang, aber auch in der Wohnung findet er den ganzen Winter bestimmt einen tollen Platz.

Nach dem Eingipsen des Baumes (siehe Seite Tips & Tricks) betupfen Sie den Topf und den Friesenbaum abwechselnd mit einem Schwamm in rot und tannengrün. Die Tannengirlande in den Terracottatopf spiralförmig einkleben, so daß der Gips nicht mehr sichtbar ist. Jetzt befestigen Sie die Tannengirlande (siehe Abbildung), kreuzförmig mit etwas Kleber. Die Holzschneemänner mit Heißkleber befestigen, danach die Ski anbringen und die Schneemanngirlande an der Längsachse festkleben.

Zuletzt Schleifen und die diversen Holzstreuteile anbringen (siehe Foto).

Die Minis kommen

Drachenflug: Friesenbaum Größe 16 cm, 3 Drachen, 2 Igel
1 m Zedernranke, 0,8 m Band, Blumendraht

Zedernranke um das Bäumchen wickeln und mit den Holzteilen verzieren. Zum Schluß die Schleifen binden und darauf kleben.

Kürbisgarten: Friesenbaum Größe 16 cm
3 Holzkürbisse, 2 Holzäpfel
5 Minikarotten, 4 grüne Minikürbisse
Naturbast, 0,6 m Band, Blumendraht

Naturfarbenen Bast um das Minibäumchen binden und mit den Holzteilen und Obstminis verzieren. Nun noch 2 Schleifchen binden und als Aufhänger Bast durch das Loch ziehen.

Tannenbaum: Friesenbaum Größe 16 cm, tannengrüne Acrylfarbe
6 rote Holzkerzen, 1 Holzstern, kleine Holzsternchen
1 m Tannengirlande, 1,2 m Band 0,3 mm breit
Blumendraht

Der Tannenbaum ist schnell gemacht. Den bemalten Friesenbaum mit der Girlande umwickeln. Aus dem Band 5 Schleifen binden (siehe Skizze Seite 2) und an dem Baum festkleben. Zum Schluß die Holzkerzen und Sternchen anbringen, den Aufhänger festbinden. Fertig!

Schneemänner: Friesenbaum Größe 16 cm in weiß
1,5 m Tannengirlande, 0,3 m Band
3 Holztannenbäume, 3 Holzschneemänner
Feenhaar, Blumendraht

Mit der Tannengirlande diverse Muster um den Baum wickeln. Die Streuteile darauf arrangieren, eine kleine Schleife binden und als letzten Schliff noch ein bißchen Feenhaar über den Baum ziehen.

Igelgarten

Material: Friesenbaum plastisch (6-fach) stehend Größe 66 cm, Abstand der Querstäbe ca. 14 cm
2 Blockhäuser 10 cm
2 Schubkarren 10 cm
3 Terracottatöpfe und 3 Terracottagießkannen zum Hängen ca. 3,5 cm
90 cm langer Zaun, Höhe ca. 3 cm
Heu, grünes Islandmoos
braunes Gestrüpp, 2 Haselnußzweige
1 gelber und orangefarbener Sonnenblumenpick
Baumpilsvögel in 2 und 5 cm Größe
1 Zweig Distelspray (einzeln aufkleben)
1 Grasbündel, 2 Holzrechen 11 cm

Dieser plastische Igelgarten ist ideal als Raumdekoration, da er aus 6 Querstäben besteht. Nehmen Sie meinen Vorschlag als Anregung und kreieren Sie selbst ein bißchen mit.

Beginnen Sie mit den Igeln, diese mit Heißkleber befestigen, danach die Blockhäuser und Schubkarren aufkleben. Den Zaun in der Mitte, als Einzäunung an den vier Querstäben befestigen. Die restlichen floristischen Zutaten nach Belieben anbringen und zum Schluß das Gestrüpp über dem Baum verteilen, dies wirkt sehr auflockernd.

Verspielter Lichterbaum

Material:
Friesenbaum Größe 60 cm,
Abstand der Querstäbe ca. 18 cm
nachtblaue Acrylfarbe
3 Papiermaché Schaukelpferde 8 cm
2 Papiermaché Lokomotiven 7 cm
5 Papiermaché Schlitten 5 und 7 cm
6 Papiermaché Pakete 4 cm
6 rote Pyramidenkerzen, 2 Kiefernäste
diverse rote und blaue Holzstreusterne
3 m weihnachtliches Band
(1 m für Schleifen, 2 m für Fuß des Friesenbaumes)
Blumendraht

Mit nachtblauer Acrylfarbe den Lichterbaum bemalen, dann die 2 Kiefernäste an dem Längsstab festkleben und die einzelnen Äste (siehe Abbildung) zurechtbiegen. Die Schlitten, Lokomotiven, Pferde und Päckchen arrangieren und die Holzsterne festkleben. Nun 2 Schleifen binden (Skizze Seite 2) und befestigen, raffen Sie das Band wie eine Ziehharmonika zusammen und kleben es um den Fuß des Baumes herum. Als letzten Schliff kommen natürlich die Kerzen dran.

Nun genießen Sie im Kerzenschein die Vorweihnachtszeit!

Erntedankfest bei den Raben

Material: Friesenbaum Größe 58 cm,
Abstand der Querstäbe ca. 14 cm
1 Holzkette 1,2 m
4 Keramikraben 7 cm
grünes Seegras
Ästegestrüpp
1 Henkelkörbchen
1 naturfarbener Zaun 3 cm hoch und 60 cm lang
verschiedene Gemüse und Obstsorten
1 herbstlicher Pick mit Sonnenblumen, Beeren und Herbstlaub
Blumendraht

Zuerst wickeln Sie die Holzkette um den Bogen und kleben diese an den Stäben fest. Die 4 Keramikraben mit der Heißkleber befestigen, das Gemüse und Obst je nach Belieben im Bogen arrangieren.

Den Zaun quer darüber kleben (siehe Abbildung), das kleine Körbchen mit Blätter füllen und mit einem Bastfaden am Querstab befestigen.

Zur Auflockerung legen Sie vorsichtig etwas Seegras zwischen die Gemüsesorten. Das Gestrüpp aus Ästen binden Sie mit etwas Blumendraht an den Bogenenden fest.

Als Abrundung noch ein paar Sonnenblumen, Beeren und Herbstlaub im Friesenbaum verteilen, so bekommt das Erntedankfest noch den besonderen letzten Touch.

Schneemänner im Eiszapfenwald

Material:

Friesenbaum Größe 36 cm, Abstand der Querstäbe ca. 14 cm
weiße Acrylfarbe
Strukturschnee, Borstenpinsel
Irisflitter, 4 Schneemänner 9 cm
7 blaue Holzstreusterne
1 m hellblaues und weißes Satinband (zum Aufhängen)
weißer Fotokarton und Transparentpapier

Der etwas andere Friesenbaum "Winterzauber", ein Märchen in weiß!

Zuerst schneiden Sie nach der Vorlage die Eiszapfen aus weißem Fotokarton aus. Danach kleben Sie diese Vorlage auf die Querstäbe des weißen Friesenbaumes. Die vier Schneemänner darauf kleben und nun den kompletten Friesenbaum mitsamt den Eiszapfen mit dem Strukturschnee bepinseln und als Clou mit Irisflitter bestreuen. Nach ca. 2 Stunden können Sie die Holzsterne aufkleben und den Aufhänger anbringen.

Jetzt kann es Winter werden!

Die Weihnachtsmänner kommen aus dem Wald

Material:

Friesenbaum Größe 56 cm in tannengrün,
Abstand der Querstäbe ca.14 cm
tannengrüne Acrylfarbe
6 Weihnachtsmänner aus Holz 10 cm
1 m weinrotes Juteband
2,5 m Lärchenranke (Kiefernranke auch möglich)
5 Jutepäckchen 2 cm
6 Tannenbäume (Holzstreuteile)
3 Nadelpicks " gezuckert und beschneit"

Bei diesem Friesenbaum wickeln Sie zuerst das 1 m lange Juteband um den Längsstab, danach die Querstäbe mit der Lärchenranke umwickeln.

Nun kleben Sie die 6 Weihnachtsmänner an den Querstäben fest. Die Jutepäckchen mit etwas Bast als Aufhänger versehen und an den Stäben festbinden. Die "gezuckerten" Nadelpicks vereinzeln (siehe Seite Tips & Tricks) und im Baum arrangieren.

Zuletzt die Holztannenbäume anbringen und als Aufhänger den Rest der Lärchengirlande anbringen.

Freche Kürbisse im Gespensterwald

Material:
Friesenbaum Größe 36 cm in Moosgrün,
Abstand der Querstäbe ca. 9 cm
moosgrüne Acrylfarbe
6 Holzkürbisse
6 Holzgespenster
1 Herbstlaubblätterpick
1 Waldrebenstrang
1 m Band
Blumendraht

Je nach Belieben können Sie diesen Friesenbaum mit moosgrüner Acrylfarbe bemalen oder einen farbigen Friesenbaum kaufen.

Um den Längsstab wickeln Sie den Rebenstrang und befestigen diesen oben und unten mit dem Blumendraht.

Die Kürbisse und Gespenster mit der Heißklebepistole befestigen, diverse Herbstlaubblätter im Baum verteilen und ebenfalls festkleben.

Zur Abrundung 2 Schleifen binden (siehe Seite 2) und befestigen.

Das Band zum Aufhängen anbringen und einen passenden Platz suchen.

Tip: Sie können jeden Friesenbaum selbst anmalen, im Fachhandel gibt es mittlerweile eine größere Auswahl an farbigen Friesenbäumen. Somit liegt die Entscheidung bei Ihnen.

Vogelscheuchenbaum im Topf

Material: Friesenbaum Größe 66 cm,
Abstand der Querstäbe ca. 16 cm
1 kg Gips und Styroporschnipsel
3 grüne Grasbündel und 1 orangenes Grasbündel
naturfarbener Bast
1 m Band (um den Topf kleben)
1 Waldrebenstrang Länge ca. 1,5 m
3 Vogelscheuchen 15 cm
2 Kürbisse mit Stab ca. 20 cm
Weinrebenblätter

Diese tolle Herbststimmung sollte auf keinen Fall in Ihrer Wohnung fehlen.

Nach dem Eingipsen des Baumes (siehe Seite Tips & Tricks) füllen Sie den Topf mit naturfarbenen Bast.

Plazieren Sie die Vogelscheuchen mit Heißkleber und bringen die Kürbisse an.

Nun benötigen Sie etwas Geduld. Biegen Sie den Rebenstrang um den Friesenbaum und kleben ihn Schritt für Schritt an den Querstäben fest.

Zur Auflockerung befestigen Sie einzelne Weinrebenblätter und Grasbündel.

Als letztes binden Sie noch eine Schleife um den Topf und kleben auch diese etwas fest.

Engelzauber pur

| Material: | Friesenbaum Größe 37 cm stehend, Abstand der Querstäbe ca. 37 cm |

- Friesenbaum Größe 37 cm stehend, Abstand der Querstäbe ca. 37 cm
- 4 Engelpicks 7 cm
- 1,5 m Engelsband
- Feenhaar
- 1 m silberfarbenes Taftband mit Sternen
- silberfarbene Filigrankette
- 4 Filigransterne für die Engel
- silbernes Flowerhair
- Blumendraht

Bei diesem Engelzauber beginnen Sie mit dem Befestigen des silberfarbenen Taftbandes (siehe Abbildung). Danach die silberne Filigrankette über Kreuz an der Längsachse anbringen.

Nun die Engel direkt mit Heißkleber auf den Querstäben festkleben, um die Engel das Feenhaar verteilen damit sie in den Wolken liegen.

Für jeden Engel 1 Teil der Filigrankette als Krönchen aufkleben. Aus dem Band 3 Schleifen binden (siehe Skizze Seite 2) und an dem Baum befestigen.

Den letzten Schliff bekommt dieser Baum in dem Sie das Flowerhair darüber verteilen.

Weitere Bücher von Frau Schwibinger:

Kerzengel
Originelle
Gestaltungsideen mit
Gelwachs
Heft 14x20 cm
ISBN 3-930529-51-3

**Pfiffige Gesellen, Kugeln
& Collagen**
Neuartige Deko-Ideen für
Haus & Hof
Heft 14x20 cm
ISBN 3-930529-40-8

Laubanger 19b 96052 Bamberg **Vielseidig Verlag** GmbH
Tel. 0951/ 6 89 97
Fax. 0951/ 60 32 99